ALERTE AUX PLANTES

DEBORAH A. METSGER

RŌM

**MUSÉE ROYAL DE L'ONTARIO
TORONTO**

© Musée royal de l'Ontario, 1990
100, Queen's Park, Toronto, Canada   M5S 2C6
ISBN 0-88854-348-4

Deborah A. Metsger est assistante à la conservation,
Département de la botanie, Musée royal de l'Ontario.

Page couverture : photo par E. Lynn Will

Données de catalogue avant publication (Canada)
Metsger, Deborah A. (Deborah Anne), 1956–
    Alerte aux plantes

Titre de la p. de t. addit., tête-bêche : Plant alert.
Texte en français et en anglais.
Basé sur des articles publiés à l'origine dans le
magazine Rotunda.
Comprend des références bibliographiques.
ISBN 0-88854-348-4

1. Plantes vénéneuses - Ontario - Identification.
2. Plantes vénéneuses - Québec (Province) -
Identification. I. Royal Ontario Museum.
II. Titre. III. Titre : Plant alert.

QK100.C3M48 1990   581.6′9′09713   C89-095490-9F

Composition par Cybergraphics Co., Inc.
Achevé d'imprimer et relié au Canada par C. J. Graphics Inc.

Le Musée royal de l'Ontario est une agence du
ministère de la Culture et des Communications
de l'Ontario.

INTRODUCTION

Les statistiques de 1986 indiquent que les centres anti-poison de l'ensemble du Canada ont reçu 7 462 appels concernant les plantes. Environ 10 p. 100 des demandes (soit 771 appels) ont entraîné un traitement ou même une hospitalisation. La plupart des patients traités pour un empoisonnement par les plantes n'ont souffert que de malaises relativement légers. Il s'avère, en fait, que la majorité des appels aux centres anti-poison concernent des plantes non vénéneuses. Il reste, néanmoins, que le Centre anti-poison du Hospital for Sick Children (Hôpital des enfants malades) de Toronto reçoit une grande majorité d'appels concernant les plantes. Pourquoi? Parce que la plupart des personnes ne savent pas reconnaître les plantes ni distinguer celles qui peuvent être dangereuses.

Le personnel des centres anti-poison est équipé pour évaluer la toxicité d'une plante, donner un diagnostic et suggérer un traitement dans le cas d'un empoisonnement par les plantes, une fois qu'il connaît le nom de la plante. Pourtant, *sans avoir le nom de la plante, il ne peut pas faire grand chose.* Les départements de botanique du Musée royal de l'Ontario et de l'Université de Toronto aident les centres anti-poison en offrant un service d'identification par téléphone. Ces derniers peuvent transmettre au Musée jusqu'à trente appels par mois.

Étant donné qu'il n'est pas facile d'identifier une plante par téléphone, cette brochure veut simplifier la tâche en présentant quelques questions posées par les botanistes pour reconnaître les plantes et en précisant la terminologie qu'ils utilisent. Elle donne également une description détaillée de certaines plantes, de leurs constituants et de leurs dérivés, que l'on rencontre ou que l'on mange souvent et au sujet desquels nous recevons de nombreuses demandes. Cette brochure se veut uniquement un guide d'information et de documentation; elle ne constitue aucunement un manuel de premiers secours.

Les plantes présentées dans cette brochure ont été choisies à partir des dossiers du Musée royal de l'Ontario et du Hospital for Sick Children. Elles sont soit des plantes d'appartement, soit des plantes d'extérieur et, le cas échéant, nous en donnons une liste par saison. Bien que nous insistions sur les plantes vénéneuses, nous parlons aussi de quelques plantes qui ne le sont pas. Il ne faut pas oublier que la liste n'est en aucun cas exhaustive; cette brochure vise surtout à décrire certaines plantes que l'on peut trouver en Ontario et au Québec et dans les régions avoisinantes des États-Unis.

Nous n'aborderons pas ici la question des champignons car ce sont des mycologues de l'Université de Toronto qui répondent aux appels sur ce sujet. Les champignons viennent bien en automne dans les lieux humides. Beaucoup de champignons sont mortels, même si l'on n'en mange qu'une petite quantité. Étant donné que les champignons sauvages sont difficiles à reconnaître, il vaut mieux n'en manger *aucun*, à moins qu'ils n'aient été ramassés par un spécialiste en mycologie.

Comme il y a de nombreuses idées fausses sur les plantes et leur toxicité, ce sont les centres anti-poison régionaux qui sont les sources les plus fiables. Il faut traiter avec prudence toutes les plantes qui peuvent être vénéneuses, et chacun devrait apprendre à les reconnaître. La meilleure défense contre l'empoisonnement par les plantes est de savoir quelles sont les plantes qui peuvent être dangereuses, à quoi elles ressemblent, où elles poussent et en quelle saison.

Connaissez-vous cette plante?

La question que l'on pose habituellement est de ce type : "Je viens de trouver mon fils jouant avec des baies qu'il a cueillies dans la haie du voisin. Je ne connais pas la plante mais on m'a dit que vous pourriez l'identifier. Est-ce que les baies sont vénéneuses?"

Pour répondre à une telle question, il faut identifier la plante, c'est-à-dire avoir une description de ses différentes parties et de leur disposition, de l'habitat de la plante ou le lieu où elle pousse. La date de l'appel est également importante, car les plantes donnent leurs fleurs et leurs fruits à des périodes précises de l'année. C'est en été et en automne que l'on reçoit le plus grand nombre d'appels téléphoniques sur les plantes, car ce sont précisément les saisons où de nombreuses plantes portent leurs fruits. Bien que certains fruits soient très caractéristiques, d'autres sont plus difficiles à reconnaître si on ne les cueille pas avec la tige ou la branche et le feuil-

lage. Si la question porte sur des maracas, des colliers ou d'autres curiosités faites avec des plantes, ou sur des aliments exotiques ou des médicaments, il est essentiel de connaître le pays ou le lieu d'origine des plantes.

Pour obtenir des renseignements sur une plante, les botanistes posent une série de questions. N'importe qui — et non pas simplement les botanistes professionnels — peut poser celles que nous donnons ci-dessous. Le lecteur devra se reporter à ces questions et au guide illustré lorsqu'il étudiera la description des plantes dont on parle dans cette brochure.

Où la plante pousse-t-elle? Est-ce qu'on trouve la plante dans la maison, dans le jardin ou dans les bois? S'il s'agit d'une plante d'extérieur, est-ce une plante qui a été plantée (plante cultivée) ou est-ce une plante sauvage (mauvaise herbe ou fleur des champs)?

Quel est le type de la plante? S'agit-il d'une plante ligneuse ou d'une plante herbacée? Si c'est une plante ligneuse, a-t-elle un tronc principal (arbre), la tige se ramifie-t-elle dès la base (buisson ou arbrisseau), est-elle grimpante ou rampante? Si c'est une plante herbacée, est-elle grimpante, la tige est-elle dressée, les feuilles forment-elles une rosette au sol?

À quoi ressemblent les feuilles? Sont-elles *simples* (limbe unique) ou *composées* (chaque feuille est formée d'un groupe plus ou moins nombreux de petites feuilles que l'on appelle des folioles)? Comment sont-elles disposées sur la branche ou la tige? Sont-elles *opposées, alternes* (de chaque côté de la tige à des hauteurs différentes), ou *verticillées* (elles sont plus de deux et forment autour de chaque noeud une sorte de couronne circulaire ou verticille)? Quelle est leur longueur et leur largeur? Quelle forme ont-elles? Comment sont la pointe et la base? Sont-elles velues, lisses ou rugueuses? De quelle couleur sont-elles? Portent-elles certaines marques, certains motifs?

La plante porte-t-elle des fruits?
Si oui, où les trouve-t-on? Poussent-t-ils à l'extrémité des branches ou à l'*aisselle* des feuilles (angle aigu que forme la feuille avec la partie terminale de la tige)? Poussent-ils en grappe, par paire ou en solitaire? S'ils poussent en grappes, quelle est la forme de la grappe? Quelle est la couleur, la forme et la taille d'un fruit? Combien de pépins pouvez-vous voir lorsque vous l'écrasez? Quelles sont la taille et la couleur des pépins? Le fruit a-t-il une odeur particulière?

La plante porte-t-elle des fleurs?
Où les trouvez-vous? Sont-elles solitaires ou en groupe? Quelles sont leur couleur, leur forme et leur taille?
À partir des réponses à ces questions, il est possible de faire une description de la plante, puis de l'identifier. Par exemple, la plante mentionnée au début de cette partie a été décrite comme étant un buisson ayant des feuilles opposées, ovées (c'est-à-dire ayant la forme d'un oeuf), avec des baies rouges à nombreux pépins, poussant par paire. Après en avoir vérifié la taille et d'autres caractéristiques et après avoir consulté une liste de plantes saisonnières, on a identifié le buisson comme étant du chèvrefeuille de Tartarie (voir page 17).
Habituellement, la plante est com-

mune et il est facile de la reconnaître. Parfois, pourtant, le botaniste doit consulter des manuels, voir des spécimens dans un herbier (collection de plantes séchées ou aplaties entre des feuillets) ou utiliser un programme informatisé. S'il ne peut pas identifier la plante par téléphone, il conseille à son correspondant de porter l'échantillon chez le botaniste professionnel le plus proche, dans une jardinerie ou chez un pépiniériste, de façon à connaître le nom de la plante en question. Une fois le nom trouvé, la personne doit s'adresser au centre anti-poison pour savoir s'il s'agit ou non d'une plante vénéneuse. Le travail du botaniste est de reconnaître la plante; c'est au centre anti-poison d'évaluer sa toxicité, de faire un diagnostic et de recommander un traitement.

Pourquoi les plantes sont-elles vénéneuses?

La menace d'empoisonnement par les plantes est réelle car un certain nombre d'entre elles contiennent des toxines chimiques qui leur servent de protection et leur évitent d'être mangées. Beaucoup de plantes apparentées contiennent les mêmes toxines chimiques et produisent donc des effets identiques ou semblables. Certaines toxines sont particulières à une certaine famille de plantes, comme cela apparaît dans leur nom; par exemple, la solanine se trouve dans les plantes, comme la tomate, appartenant à la famille des solanacées; la taxine se rencontre dans l'if, qui appartient au genre *Taxus*. Lorsqu'on parle de plantes, les mots "famille", "genre" et "espèce" désignent une classification de plus en plus fine à partir de la similitude de leurs caracté-

GUIDE POUR RECONNAÎTRE LES PLANTES

OÙ?

maison ou jardin ou bois

QUEL TYPE?

ligneuse ou herbacée

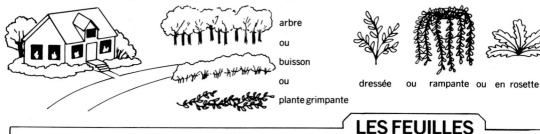

arbre

ou

buisson

ou

plante grimpante

dressée ou rampante ou en rosette

LES FEUILLES

SIMPLE OU COMPOSÉE

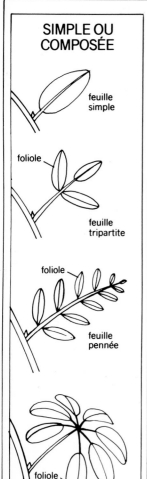

feuille simple

foliole

feuille tripartite

foliole

feuille pennée

foliole

feuille verticillée

PARTIES

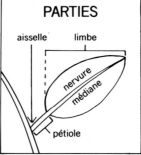

aisselle   limbe

nervure médiane

pétiole

DISPOSITION

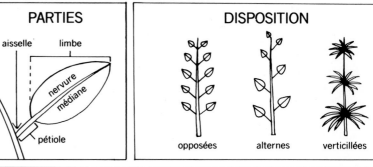

opposées   alternes   verticillées

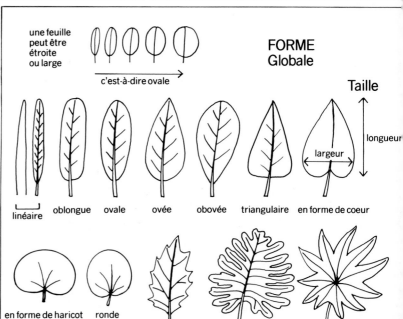

une feuille peut être étroite ou large

c'est-à-dire ovale

FORME Globale

Taille

longueur

largeur

linéaire   oblongue   ovale   ovée   obovée   triangulaire   en forme de coeur

en forme de haricot   ronde

lobée   profondément lobée   lobée en ombelle

CELIA GODKIN

ÉLÉMENT SOUTERRAIN

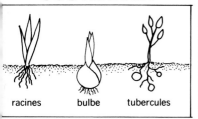

racines   bulbe   tubercules

POSITION

le long de la tige

à la base

UNIE OU BIGARRÉE

DE QUELLE COULEUR?

Contour

entier   denté

ondulé   doublement denté

Aspect

lisse   velu   rugueux

Extrémité

intue   arrondie   effilée   en pointe vive

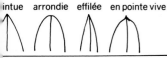

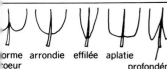

orme   arrondie   effilée   aplatie
coeur   profondément
                      échancrée

Base

FRUITS ET FLEURS

EMPLACEMENT

à l'extrémité   à l'aisselle

REGROUPEMENT

solitaire

par paires

en grappe

FORME DES GRAPPES

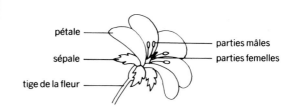

épi   racème   panicule   ombelle   corymbe   cyme

tombantes

longue tige

aplaties

PARTIES DE LA FLEUR

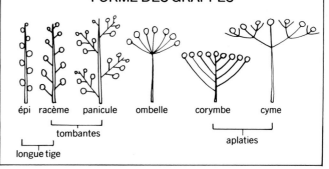

pétale

sépale

tige de la fleur

parties mâles

parties femelles

PARTIES DU FRUIT

comme l'abricot   comme la tomate

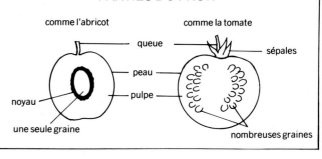

queue

peau

pulpe

sépales

noyau

une seule graine

nombreuses graines

ristiques et de leurs affinités.

Lorsqu'on les utilise correctement, certains produits chimiques rencontrés dans les plantes peuvent être salutaires; ainsi, la digitaline et l'atropine sont utilisées pour le traitement des maladies cardiaques. Certains de ces produits chimiques, pourtant, sont dangereusement toxiques lorsqu'on les avale sous leur forme naturelle ou en quantité excessive. Dans la plupart des cas, la concentration de toxines dans les tissus végétaux est si faible qu'il faudrait en manger une grande quantité (disons au moins 0,5 kg de feuilles, ou beaucoup de fruits) pour être gravement malade. Il y a pourtant quelques plantes dont la teneur en substances chimiques est élevée dans un ou plusieurs de leurs constituants; il en faut donc une quantité moindre pour engendrer une réaction toxique. La gravité et la nature de la réaction aux toxines d'une plante varient selon la force et la nature de la substance chimique.

PLANTES D'EXTÉRIEUR

Plantes vénéneuses cultivées

La **jonquille** (*Narcissus pseudo-narcissus*) est une plante de jardin commune de la famille de l'amaryllis; elle pousse au printemps et fleurit vers avril-mai. La tige florifère (hampe) et les feuilles sortent d'un bulbe en forme d'oignon et peuvent atteindre entre 20 et 40 cm; les feuilles, très allongées, entières et parallélinervées, apparaissent de la partie inférieure de la plante (c'est-à-dire, elles poussent toutes du sol) en même temps que les fleurs. Celles-ci, jaunes, orange ou blanches, sont

Jonquille (*Narcissus pseudonarcissus*)

caractérisées par un tube (coronule) plus ou moins long, en forme de coupe de cloche, entouré d'au moins six pétales séparés.

Toutes les parties des jonquilles contiennent des alcaloïdes toxiques, notamment le bulbe. D'autres plantes bulbeuses ornementales, comme l'**amaryllis** (toutes les espèces d'*Amaryllis*) et le **colchique**, appelé également **safran des prés** ou **tue-chien** (*Colchicum autumnale*), contiennent aussi des alcaloïdes toxiques. Un empoisonnement par ces plantes peut provoquer des douleurs abdominales, des vomissements ainsi que de la diarrhée accompagnés ou non de tremblements.

Le **muguet de mai** (*Convallaria majalis*) est une plante précoce ornementale de la famille des lys, qui couvre souvent les coins ombragés. Elle pousse à environ 10 cm. Deux feuilles ovales et entières dont la pointe et la base sont pointues s'attachent à la base de la tige; elles peuvent être étroites ou larges et sont paralléliveinées. Les hampes portent des petites fleurs blanches en forme de clochettes, groupées en grappes et très odorantes. En juillet et en août, la plante produit une baie rouge orangée d'environ 1 cm de diamètre, parfois tachetée.

Bien que toutes les parties de la plante contiennent des hétérosides aux propriétés cardiotoniques, qui peuvent provoquer des maux d'estomac et une irrégularité des battements du coeur, les empoisonnements graves sont extrêmement rares.

La **rhubarbe** (*Rheum rhabarbum* ou *Rheum rhaponticum*) est une plante à larges feuilles de la famille du sarrasin. Ses feuilles poussent en grosses touffes de la partie inférieure de la plante; elles apparaissent vers la fin du printemps et persistent pendant tout l'été. Chaque feuille, qui peut atteindre 45 cm, a, en gros, la forme d'un coeur; elle est entière bien que le contour soit ondulé. Le limbe s'attache à une longue tige inférieure, souvent rougeâtre.

Les tiges rouges de cette plante de jardin sont comestibles; elles sont couramment cuites et constituent un dessert. Le limbe, pourtant, contient des oxalates solubles et d'autres toxines : il ne faut pas les avaler. Les maux d'estomac et les vomissements sont des symptômes de l'empoisonnement, qui peut également provoquer des troubles rénaux et une déshydratation.

La **digitale pourprée** ou le **doigtier** (*Digitalis purpurea*), de la famille de la linaire, est une plante ornementale commune qui fleurit en été et dont la tige peut atteindre une hauteur de 1 m à 1,5 m. Sa grande hampe porte au sommet des fleurs en doigt de gant facilement reconnaissables, qui peuvent être violettes, rose pâle ou rose vif, jaunes ou blanches; toutes sont tachetées à l'intérieur du fond de la corolle. Les feuilles de la base, grandes et allongées, ont, pour la plupart, de longs pétioles réunis en rosette à la base; leur contour est denté. Les feuilles de la hampe duveteuse sont plus petites et plus étroites.

Toutes les parties de la plante sont très vénéneuses car elles contiennent

FLAVIA REDELMEIER

Digitale pourprée (*Digitalis purpurea*)

des toxines. L'une d'entre elles, la digitale, est un hétéroglucoside, et elle est prescrite sous surveillance médicale très stricte pour traiter les maladies cardiaques. Lorsqu'on l'absorbe en quantités excessives, la digitale peut causer des vomissements, de graves maux de tête, une irrégularité du pouls et des battements cardiaques, voire des convulsions.

Le **ricin** (*Ricinus communis*), de la famille de l'euphorbe, est souvent cultivé comme plante ornementale sous les tropiques et au Canada où il devient de plus en plus courant. Ses grandes feuilles alternes et palmées, au contour irrégulièrement denté, mesurent 40 cm de large et comptent de sept à onze lobes pointus. La nervure médiane de chaque lobe est apparente et toutes les nervures se rassemblent au centre de la feuille. Des houppes de fleurs roses et duve-

Ricin (*Ricinus communis*)

teuses poussent à l'aisselle de la feuille.

Les graines, qui se forment à la fin de l'été, sont ovales et mesurent environ 1,5 cm de long; elles sont bigarrées de brun clair et foncé, et enfermées dans une gaine épineuse accrochée à la plante. Les graines et les feuilles du ricin contiennent de la ricinine, substance extrêmement toxique qui peut provoquer de la diarrhée et des vomissements graves, détruire les globules rouges et endommager les reins. L'huile de ricin, extraite de la même graine pour des besoins médicinaux et comme lubrifiant industriel, n'est pas toxique car la ricinine n'est pas soluble dans l'huile.

tomne. La plante peut produire des baies globuleuses, blanches ou jaune clair, qui poussent en grappes allongées, souvent très proches de la tige.

"*L'herbe à puce, c'est connu, on l'a bien vu, faut pas la toucher sinon elle va vous faire gratter.*" L'herbe à la puce n'a pas besoin d'être consommée pour produire ses mauvais effets. La sève, que l'on trouve dans toutes les parties de la plante, contient des urushiols qui provoquent, chez les sujets qui y sont sensibles, une réaction allergique se présentant sous la forme d'une éruption et d'ampoules irritantes. Bien que la réaction se produise aussitôt que la sève entre en contact avec la peau, les symptômes peuvent n'apparaître que vingt-quatre ou quarante-huit heures plus tard. La sensibilité à l'herbe à la puce augmente en fonction de l'exposition à la plante. Le poison peut se propager par les animaux, les vêtements, les outils, ou même les cendres provenant de la fumée des plantes que l'on brûle.

La **cicutaire** ou **ciguë** (toutes les espèces de *Cicuta*), de la famille du persil, pousse couramment tout l'été dans les marais et les lieux humides. Elle appartient à la famille des ombellifères, tout comme la carotte sauvage, le céleri, la carotte, le panais et le carvi. On confond souvent la cicutaire avec ces plantes de la même famille qui, elles, ne sont pas vénéneuses. Elle peut atteindre 1 m de hauteur et porte de petites fleurs blanches qui poussent en grappes aplaties en ombelle. Les feuilles composées alternes ont de trois à cinq folioles fines, allongées et pointues, très dentées.

Bien qu'il ne s'agisse pas de la ciguë que Socrate a bue, la cicutaire est une plante dont toutes les parties sont très toxiques, notamment les racines tubé-

D. METSGER

Cicutaire (*Cicuta maculata*)

reuses qui contiennent un liquide jaune malodorant. Les symptômes de l'empoisonnement sont les suivants : nausées, ptyalisme ou salivation exagérée, vomissements. L'empoisonnement peut être mortel. Comme il est difficile de distinguer la cicutaire des plantes de la même famille, il est conseillé d'éviter toutes les plantes sauvages qui ressemblent à la carotte sauvage.

Le **datura**, connue également sous les noms d'**herbe à la taupe**, d'**herbe aux sorciers** et de **pomme épineuse** (*Datura stramonium*), de la famille de la tomate, est une plante annuelle courante, souvent assimilée à une mauvaise herbe, mais qui pousse parfois dans les jardins. Elle peut atteindre une hauteur de plus de 1 m et ses feuilles alternes ont de 13 à 16 cm de long. Ces feuilles sont ovées ou triangulaires, avec une base aplatie; elles sont dentées ou lobées. De juin à septembre, la plante produit des fleurs blanches odorantes en entonnoir et un fruit vert épineux avec quatre côtes saillantes. De nombreuses graines brunes ou noires en forme de haricot et mesurant de 2 à 3 mm sont enchâssées dans le fruit.

Toutes les parties du datura sont toxiques car elles contiennent de l'atropine et d'autres alcaloïdes. En cas d'absorption, ces substances chimiques peuvent assécher la bouche et la peau, provoquer des rougissements du visage et des hallucinations. Ce sont les graines que l'on absorbe le plus fréquemment, bien que le nectar des fleurs puisse également provoquer un empoisonnement. Pour que ce soit dangereux, il faut absorber de cinquante à cent graines.

La **morelle douce-amère** ou **douce-amère**, encore connue sous le nom de **vigne de Judée** et d'**herbe à la fièvre** (*Solanum dulcamara*), est une vigne que l'on retrouve dans les bois, dans les champs et sur les clôtures, et qui grimpe le long des clôtures, des arbus-

tes et des arbres dans les jardins ou les terrains à l'abandon. Les feuilles alternes peuvent avoir la forme d'un ovale ou d'un pique; elles mesurent de 2,5 à 8 cm. Chacune peut avoir à la base deux petits lobes qui se déploient latéralement comme des ailes. La plante produit de petites fleurs violettes en étoile avec cinq pétales autour d'un coeur jaune protubérant. Le fruit est une baie qui apparaît en juin-juillet et persiste jusqu'en octobre, parfois même tout l'hiver, longtemps après la fin de la floraison. Ces baies, dont le diamètre varie entre 8 et 11 cm, forment des grappes pendantes et vont du vert au rouge brillant selon la maturité. Elles contiennent de nombreuses petites graines blanches et, lorsqu'on les écrase, elles sentent la tomate ou la viande pourrie.

On trouve dans les mêmes habitats une plante très proche, la **morelle noire** (*Solanum nigrum*). Celle-ci est à peu près de la même taille que la *Solanum dulcamara* mais en diffère par ses fruits bleu-noir, ses fleurs blanches en étoile et l'absence habituelle de lobes sur les feuilles.

D. METSGER

Morelle douce-amère ou vigne de Judée (*Solanum dulcamara*)

Les deux plantes appartiennent à la famille de la tomate et, comme les autres membres de cette famille, contiennent de la solanine qui est un glycoalcaloïde. Bien que la solanine puisse provoquer des maux d'estomac et des troubles nerveux et respiratoires extrêmes, il faut absorber jusqu'à 1 kg de feuilles ou de nombreuses baies de l'une ou l'autre espèce pour que de tels symptômes se manifestent. Si la quantité absorbée est petite (une ou deux baies mûres), les réactions sont en général des nausées, des vomissements et de la diarrhée. Les baies vertes des deux espèces de *Solanum* sont plus toxiques que les baies mûres. La quantité de plante nécessaire pour provoquer une réaction toxique dépend de la taille et du poids du sujet; ainsi, il faudra moins de baies pour empoisonner un enfant de deux ans pesant 12 kg qu'un autre de 12 ans pesant 40 kg.

En été et en automne, on reçoit plus d'appels téléphoniques demandant des renseignements sur la *Solanum dulcamara* que toute autre plante. Le nom vulgaire anglais, *deadly nightshade*, fait qu'on la confond malheureusement avec le véritable *deadly nightshade* (*Atropa belladonna*) que l'on ne trouve pas en Amérique du Nord, sauf quand elle est cultivée pour la production d'atropine et de belladonne. À l'inverse de la *Solanum dulcamara*, l'*Atropa belladonna* est une plante dressée et non une plante grimpante ou rampante, et elle donne un gros fruit solitaire noir avec des graines noires. L'*Atropa belladonna* est beaucoup plus vénéneuse que la morelle ordinaire qui pousse toute seule, ici ou là.

Le **cerisier tardif** ou **cerisier d'automne** (*Prunus serotina*) est un cerisier sauvage, de la famille de la rose. Il peut atteindre une hauteur de 25 m. Ses feuilles ovales et luisantes se rétrécissent rapidement à la pointe et mesurent de 6 à 12 cm de long. Elles sont vert foncé sur le dessus et vert clair en dessous. La nervure médiane de chaque feuille porte sur le dessous un fin duvet rouille ou brun qui s'étend de la base jusqu'au milieu de la feuille. Les feuilles sont disposées alternativement le long de la branche et les petites dents du contour sont légèrement arrondies. Les fruits violet foncé, de 1 cm de diamètre, forment de longues grappes pendantes et apparaissent à la mi-juillet.

Tous les arbres appartenant au genre *Prunus* — cerisiers, pêchers, pruniers, abricotiers et amandiers — contiennent une quantité variable

MARY FERGUSON

Cerisier tardif (*Prunus serotina*)

d'amygdaloside, substance chimique pouvant libérer de l'acide cyanydrique, dans certaines de leurs parties ou dans toutes. Bien que la chair du fruit de toutes ces espèces soit comestible, les graines, les feuilles et l'écorce contiennent de la toxine. Chaque graine est entourée d'un noyau dur solitaire, qui caractérise ce genre. Le cerisier tardif est probablement le plus toxique de toutes les espèces du *Prunus*. Les symptômes de l'empoisonnement sont les suivants : maux d'estomac et vomissements. Dans les cas plus graves, on peut observer des difficultés respiratoires, des convulsions et même le coma.

Le **petit prêcheur, oignon sauvage** ou **pied de veau** (*Arisaema triphyllum*) est une petite plante qui mesure normalement de 20 à 40 cm de haut. Elle pousse dans les forêts humides dès le mois de mai et dure pendant toute la belle saison. Elle porte une remarquable grappe de fleurs, consistant en une bractée rayée ressemblant à une feuille qui entoure et cache un épi clavé de petites fleurs. La grappe florale s'accompagne de deux grandes feuilles, ayant chacune trois folioles largement ovées rattachées directement à la tige. Les feuilles sont souvent beaucoup plus grandes que la grappe florale et poussent sur de longues tiges qui enveloppent la base de la plante. À la fin de l'été ou à l'automne, la bractée meurt, révélant une grosse touffe de baies vert vif et rouges. Chaque baie ressemble à un grain de maïs.

L'ariséma appartient à la famille de l'arum dont beaucoup de membres contiennent de l'acide oxalique sous forme cristalline. On trouve les cristaux d'oxalate dans les cellules des feuilles et de la tige. Le fait de briser

G. M. BARTMAN (COLLECTION DES DIAPOSITIVES, UNIVERSITÉ DE TORONTO)

Le petit prêcheur (*Arisaema triphyllum*)

les tissus de la plante libère les cristaux des cellules. Si on mange la plante, les cristaux peuvent piquer les lèvres, l'intérieur de la bouche et de la gorge, causant des inflammations et des irritations. Cela provoque une sensation de brûlure et un gonflement des parties touchées.

L'**if** (toutes les espèces de *Taxus*) est un arbuste à feuilles persistantes, qui appartient à la famille de l'if. Il en existe des espèces qui poussent à l'état sauvage dans les forêts, et des variétés cultivées que l'on voit souvent dans les jardins et comme haies. L'if possède des feuilles linéaires qui poussent dans un seul plan. Dès la fin de l'été et pendant tout l'hiver, l'if porte une graine verte, brune ou noire enveloppée dans un arille rouge vif et pulpeux qui ressemble un peu à une petite olive contenant une graine et non un

If (*Taxus baccata*)

piment. L'arille mesure environ 1 cm de diamètre et la graine environ 5 mm.

Bien que l'arille ne soit pas toxique, les graines, les feuilles et l'écorce le sont lorsqu'on les mâche. Les ifs con-tiennent un alcaloïde très toxique : la taxine. Les symptômes d'empoisonne-ment sont les suivants : diarrhée, tremblements, dilatation des pupilles et difficultés respiratoires.

Plantes non vénéneuses

Nombre des appels que nous recevons, pour ne pas dire la plupart, concernent des plantes qui ont été avalées mais qui se révèlent non toxiques. On se renseigne souvent sur les arbres et les arbustes suivants, qui sont en fait non toxiques. Le fruit de toutes ces plantes est comestible lorsqu'il est mûr.

Le **mûrier** (*Morus alba* ou *rubra*) est un arbre que l'on trouve souvent en bordure des routes et dans les jardins. Il appartient à la famille du mûrier et peut atteindre une hauteur de 20 m. Les feuilles, qui mesurent de 3 à 11 cm de long, peuvent être diversement lobées; elles sont très dentées et disposées en alternance le long de la branche. Les fruits, qui poussent à partir de l'aisselle de la feuille, sont abondants au début de l'été. Ils res-

semblent à des grosses framboises ovales.

Le **chèvrefeuille de Tartarie** (*Lonicera tatarica*) est un arbuste que l'on trouve souvent dans les haies, dans les champs et dans les jardins. Il appartient à la famille du chèvrefeuille et sa hauteur maximale est de 3 m. Ses feuilles sont entières et opposées, ovales et ont un petit pétiole. Elles mesurent de 2 à 6 cm de long, sont arrondies à la base; leur pointe est arrondie ou un peu pointue. Les baies translucides rouges, orange ou jaunes mesurent moins de 1 cm de diamètre, et contiennent de toutes petites graines blanches. Fin juin, elles poussent par paire à l'aisselle des feuilles et sont souvent réunies à la base.

Chèvrefeuille de Tartarie (*Lonicera tatarica*)

Mûrier (*Morus alba*)

La **viorne trilobée**, ou **pimbina** dans l'ouest et le centre du Québec (*Viburnum trilobum*), appartient également à la famille du chèvrefeuille. C'est un arbuste qui pousse jusqu'à 4 m de hauteur et que l'on trouve dans la nature ou souvent comme haies dans les jardins. Les feuilles opposées, qui mesurent de 5 à 11 cm de long avec trois lobes pointus, ressemblent à la feuille d'érable. Les baies rouges à une seule graine poussent en corymbes terminaux (elles s'insèrent à diverses hauteurs sur la tige mais se terminent toutes dans un même plan); elles apparaissent au début de l'automne et, bien que fanées, elles durent souvent tout l'hiver.

Le **sorbier** (*Sorbus americana*, *aucuparia*, ou *decora*) est un grand arbrisseau ou un petit arbre, appartenant à la famille de la rose. Il peut atteindre une hauteur de 10 m. On le trouve le plus souvent dans les jardins comme plante ornementale, ou dans les bois. Ses feuilles composées alternes ont de treize à dix-sept folioles oblongues très nettement dentées qui se terminent en pointe. Les baies orange vif ont de 5 à 10 mm de diamètre et poussent en corymbes terminaux.

Le **genévrier** ou **cèdre rouge** (*Juniperus sabina, virginiana,* ou *communis*) est un arbre ou un arbrisseau de la famille du cyprès de l'ordre des conifères. Il a des feuilles en aiguilles chez les jeunes sujets, écailleuses chez les sujets adultes dans certaines espèces. Il produit des baies dures et globuleuses, d'un bleu-vert, mesurant environ 1 cm de diamètre et que l'on peut trouver toute l'année. Elles ne sont pas toxiques et sont en fait utilisées comme condiment.

D. METSGER

Sorbier (*Sorbus americana*)

PLANTES D'INTÉRIEUR

Plantes vénéneuses

Tout au long de l'année, la majorité des appels téléphoniques sur le poison portent sur les plantes d'intérieur plus que sur n'importe quel autre type de plantes. La plupart de celles-ci sont souvent des cadeaux et le bénéficiaire n'en connaît pas le nom. La meilleure précaution contre les empoisonnements est de connaître le nom de ces plantes et de savoir si elles sont vénéneuses ou non. On peut, bien entendu, jouir des plantes vénéneuses d'intérieur, mais il faut les mettre hors de la portée des enfants et des animaux.

Plusieurs plantes tropicales d'intérieur appartiennent à la famille de l'arum et un certain nombre d'entre elles sont vénéneuses. Comme nous l'avons vu en décrivant le petit prêcheur (p. 15), les cellules des plantes de cette famille contiennent des cristaux d'oxalate qui peuvent provoquer une inflammation et une irritation de la peau. Les symptômes sont des sensations de brûlure et un gonflement des parties touchées. Les plantes de cette famille que l'on rencontre le plus fréquemment sont le dieffenbachia, le philodendron et la patte d'oie. C'est par elles que nous commençons la description des plantes vénéneuses.

De nombreuses demandes relatives aux plantes vénéneuses portent sur le **dieffenbachia** (*Dieffenbachia picta*). C'est une plante dressée dont la hauteur peut varier entre 25 cm et 3 m. Ses feuilles sont alternes et peuvent

atteindre 30 cm. Elles sont ovées, plus larges au milieu ou un peu en dessous et plus étroites vers la pointe et la base. Ce feuillage présente certains traits caractéristiques : il est panaché, vert uni en bordure et marbré de blanc ou de jaune vers le centre. Le panachage diffère selon les variétés. Pour une variété courante, les feuilles sont vertes et les marbrures se présentent comme des chevrons. Le pétiole de chaque feuille mesure de 10 à 15 cm de longueur et s'élargit à la base en une gaine qui s'enroule autour de la tige de la plante. Lorsque les feuilles sont

Dieffenbachia (*Dieffenbachia picta*)

enlevées, elles laissent sur la tige des rainures qui donnent à la tige l'aspect d'une canne de bambou ou d'une canne à sucre. D'après certains appels que nous recevons, il semble qu'il soit facile de confondre une tige de dieffenbachia avec une canne à sucre. Si on l'absorbe par inadvertance, les conséquences peuvent être désagréables.

Le **philodendron** (toutes les espèces de *Philodendron*) est une plante d'intérieur très courante. Le *Philodendron scandens* est une plante grimpante que l'on vend souvent comme plante à suspendre. Ses feuilles en forme de coeur, habituellement de 5 cm de long, se terminent en pointe. Elles sont alternes et leur pétiole mesure environ 1 cm. Minces

Philodendron arborescent (*Philodendron bipinnatifidum*)

D. METSGER

et luisantes, elles peuvent aller du vert foncé à un vert panaché de blanc ou de jaune. Le *Philodendron scandens* ressemble beaucoup au **pothos** ou **arum grimpant** (*Epipremnum aureum*) qui est également vénéneux.

Une plante de la même famille, mais plus grande, est le *Philodendron bipinnatifidum*, plus connu sous le nom de **philodendron arborescent.** Il pousse tout droit, à partir d'une base assez grosse, jusqu'à environ 1,5 m. Ses grandes feuilles alternes, vert foncé, sont profondément lobées; elles sont très échancrées à la base où elles sont rattachées à un pétiole qui peut atteindre 60 cm de long.

La **patte d'oie** ou **vigne pointe-de-flèche** (*Syngonium podophyllum*) a des feuilles triangulaires ou oblongues en fer de lance, qui ont souvent des lobes supplémentaires à la base de chaque feuille. Ces feuilles, qui peuvent atteindre 30 cm de long, sont rattachées à des pétioles de 60 cm de long qui se rassemblent à la base de la plante. Elles sont vertes ou vertes et blanches. Une nervure parallèle au contour souligne souvent la forme de la feuille.

La **morelle faux-piment**, dite aussi **piment cerise** ou **cerisier d'amour** (*Solanum capsicastrum*), est une plante à baies qui appartient à la famille de la tomate. Ce petit arbuste atteint environ 50 cm de haut; il porte des feuilles alternes ovales d'un vert terne d'environ 5 cm de long, qui ont un pétiole court et ressemblent beaucoup à des feuilles de tomates. Leurs baies d'un rouge-orangé poussent à l'extrémité des branches, solitaires ou en grappes. La baie mesure un peu plus de 1 cm de diamètre et ressemble à une petite tomate cerise.

Bien qu'ils ne soient pas extrêmement toxiques, les fruits et les feuilles de la morelle faux-piment contiennent de la solanine et d'autres toxines en petites quantités. Absorbées en grande quantité, ces substances peuvent entraîner des douleurs abdominales, des vomissements, de la diarrhée, des troubles nerveux et respiratoires.

Le **piment** (*Capsicum annuum*) est aussi un membre de la famille de la tomate. Son feuillage est semblable à celui de la morelle faux-piment, bien que les feuilles et l'arbuste soient dans l'ensemble plus petits. Le fruit est ovale et contient de nombreuses graines.

Le piment contient un alcaloïde volatile, la capsaïcine. C'est ce qui donne au jalapeño son piquant mais

qui provoque aussi des irritations dermatologiques. Ce fruit a une saveur tellement forte qu'il peut entraîner des étouffements si on l'avale.

Le **croton** (*Codiaeum variegatum*) appartient à la famille de l'euphorbe. Cette plante d'intérieur commune peut atteindre une hauteur de 3 m. Ses feuilles, alternes et ovées ou oblongues, sont panachées de rouge vif, de vert, de jaune et de noir; leur taille varie avec celle de la plante. Elles ont l'aspect du cuir et leur contour peut être légèrement irrégulier. Le bord des feuilles a tendance à se recroqueviller vers le centre. En Amérique du Nord, c'est une plante ornementale très décorative; sous les tropiques, c'est plutôt un arbuste que l'on trouve dans les jardins.

Le croton a une sève incolore conte-

21

D. METSGER

Piment *(Capsicum annuum)*

D. METSGER

Croton (*Codiaeum variegatum*)

nant des substances toxiques qui sont allergènes et peuvent provoquer des irritations de l'oeil et de la peau.

Le **houx** (toutes les espèces de l'*Ilex*) est un arbuste des régions tempérées qui peut atteindre une hauteur de 7 m, bien connu pour ses rameaux décoratifs coupés à la période de Noël. Il appartient à la famille du houx. Ses feuilles persistantes, étroites et ovales, mesurent 3 cm de long, et ont une disposition alterne. La plupart des feuilles sont dentées-épineuses bien que certaines soient ovales et entières. Les fruits, d'un rouge vif, poussent solitaires ou en petites grappes le long de la branche; ils mesurent environ 6 mm de diamètre et ne contiennent qu'une seule graine.

Ces fruits contiennent un acide et sont légèrement toxiques. Ils pour-raient provoquer, chez les petits enfants qui en absorberaient, la diarrhée et des vomissements.

Le **gui** (*Phoradendron serotinum*) se rencontre le plus souvent accroché au linteau des portes, à Noël, et on s'embrasse dessous le jour de l'An! Il appartient à la famille du gui. Les feuilles d'un vert pâle sont épaisses et ovées, avec des extrémités arrondies. Elles sont opposées et mesurent jusqu'à 5 cm de long. Le gui se caractérise par ses baies d'un blanc laiteux qui poussent le long d'une petite tige et contiennent chacune une seule graine; elles mesurent environ 6 mm de diamètre.

Les feuilles, les tiges et les baies contiennent des toxines. Il est rare que cette plante empoisonne les humains : il faudrait en effet absorber plus de trois baies pour observer des conséquences néfastes. Les symptômes de l'empoisonnement sont des troubles gastro-intestinaux, la dilatation des pupilles, des embrouillements et des hallucinations.

Plantes non vénéneuses

Les plantes suivantes sont des plantes d'intérieur fréquemment absorbées. Bien qu'elles soient sans danger, il est préférable d'apprendre aux enfants à ne jamais manger d'une plante, quelle qu'elle soit.

Le **poinsettia** (*Euphorbia pulcherrima*), de la famille de l'euphorbe, décore de nombreuses maisons à l'occasion de Noël. On la reconnaît facilement en raison de ses grandes bractées (feuilles colorées que l'on prend souvent à tort pour des pétales) écarlates, roses ou blanches, entourant de petites fleurs jaunes. La grappe de fleurs et les bractées mesurent au total environ 15 cm et poussent à l'extrémité d'une tige ligneuse. Les feuilles lobées sont largement ovées et mesurent de 3 à 10 cm de long. Elles poussent sur des tiges en position d'alternance le long des branches.

On dit souvent que le poinsettia est vénéneux, mais cela n'est pas établi. Cependant, la sève de plusieurs membres de la famille de l'euphorbe (latex) contient des toxines qui peuvent provoquer des irritations dermatologiques et servir de purgatif.

La **violette africaine** ou **saintpaulia** (toutes les espèces de *Saintpaulia*) appartient à la famille de la violette africaine. On la reconnaît à ses feuilles velues, en forme de coeur ou de haricot, qui poussent en rosette au sol. Les feuilles, d'environ 4 cm de long, poussent sur un pétiole qui peut atteindre 10 cm. L'heureux jardinier d'intérieur en cultivera des spécimens arborant des fleurs très décoratives dans toute une gamme de couleurs.

Le **schefflera** (*Schefflera arboricola*) est une plante d'intérieur qui ne fleurit pas, appartenant à la famille du ginseng. Ses feuilles caractéristiques, composées et alternes, comptent de cinq à huit folioles ovales et pointus (pouvant atteindre 15 cm de long), ayant chacun son propre pétiole, disposés en cercle sur une longue tige. Lorsqu'elle est jeune, cette plante mesure environ 25 cm de haut, mais elle peut atteindre plusieurs mètres. Les spécimens plus âgés peuvent être très fournis ou très élevés, avec une tige aussi épaisse qu'un tronc d'arbre et avec de longues feuilles allongées.

D. METSGER

Schefflera (*Schefflera abroicola*)

La **plante-araignée** (*Chlorophytum comosum*), appartenant à la famille du lys, a des feuilles linéaires, rayées vert et blanc, longues et étroites, pouvant mesurer jusqu'à 30 cm, qui émer-

ROM

Plante-araignée (*Chlorophytum comosum*)

gement ovées. Celles-ci mesurent de 1 à 3 cm de long et poussent sur des pétioles de 1 à 2 cm. Les feuilles sont souvent rugueuses et leur contour est festonné. Elles sont d'un vert pâle sur le dessus et plus pâle encore sur le dessous. Les tiges, quadrangulaires en coupe, sont vert clair et quelque peu transparentes. Feuilles et tiges peuvent être ou non velues.

gent de la base sans tige apparente. Ses petites fleurs blanches sortent de longues pousses brun clair et se transforment en plante miniature que l'on peut ensuite repiquer. La plante-araignée se vend généralement comme plante suspendue.

L'**asparagus** (*Asparagus densiflorus*) est une autre plante suspendue qui appartient également à la famille du lys. Ses tiges vertes et fournies se développent à partir de la base. La tige ressemble à un écouvillon car les minuscules petites feuilles vertes (1 cm de long et 1 mm de large) poussent en tout sens.

Le **plectranthe** ou **lierre suédois** (*Plectranthus australis*) est une plante rampante de la famille de la menthe, qui se reconnaît facilement à ses feuilles opposées, arrondies ou lar-

OBJETS À BASE DE PLANTES

Bijoux de fantaisie, instruments de musique et décorations

Depuis des siècles, l'homme se pare de bijoux faits de grains façonnés à partir de graines et de fruits colorés. *Malheureusement, certains d'entre eux, les plus colorés, sont très toxiques et risquent de tuer quiconque les mange ou même les mâche*. Les plus toxiques de ces graines et de ces fruits poussent sous les tropiques et leur importation au Canada est illégale. Les bijoux, les instruments de musique et les décorations faits avec les plantes décrites ci-dessous peuvent être très dangereux.

L'**abrus**, ou **mélia**, ou **arbre à chapelet**, ou encore **arbre saint** (*Abrus precatorius*) est un arbuste qui donne des graines ovales de 7 à 8 mm, lisses, rouge vif, avec une large tache noire, qu'on appelle souvent graines de cha-

pelet. Ces graines se développent dans les cosses d'une plante grimpante de la famille du pois qui pousse sous les tropiques et en Floride. Cette famille comporte également les **ormosies** (toutes les espèces d'*Ormosia*) et les **érythrines** (toutes les espèces d'*Erythrina*) qui ressemblent à de gros graines de chapelet et qui sont aussi très vénéneux.

Ces grains contiennent de l'abrine qui est l'une des substances toxiques connues les plus redoutables. Cette substance est cachée au cœur d'une coque très dure qui ne se libère que lorsqu'elle est mâchée. Les graines avalées tout entières ne sont donc pas toxiques. Le poison provoque de graves brûlures de la bouche, des vomissements, de la diarrhée, et un état de choc. La toxine est si puissante que la quantité contenue dans une seule graine peut s'avérer fatale pour un adulte.

De gauche à droite : graines d'abrus (*Abrus precatorius*), de ricin (*Ricinus communis*) et d'abricot (*Prunus armeniaca*)

Ces graines servent à la fabrication de colliers et d'autres bijoux fantaisie. On en met aussi dans des courges pour faire des instruments de musique comme les maracas ou les crécelles. Or, la courge se casse très facilement, ce qui libère ces graines très colorées. Le nombre d'accidents dus à l'ingestion des graines trouvées dans les maracas s'est accru, en raison de la multiplication des voyages dans des pays comme la République dominicaine, le Mexique et l'Amérique centrale. Lorsqu'on achète ces maracas ou qu'on les offre à des enfants, il faut en retirer les graines d'origine, les détruire et les remplacer par des graines comestibles.

Le **ricin** (*Ricinus communis*), de la famille de l'euphorbe, a été décrit plus haut, dans la section sur les plantes d'extérieur (p. 10). Tel que mentionné, les graines de cette plante renferment une substance hautement toxique, la ricinine, contenue dans une coque très dure. Les graines sont ovales, d'environ 1,5 cm et de couleur brune bigarrée.

Tout comme les graines d'abrus, les graines du ricin servent à faire des colliers en dépit des risques fatals pour ceux qui les mâcheraient.

L'**abricot** (*Prunus armeniaca*) appartient à la famille de la rose. Les noyaux sont souvent teints et enfilés pour faire des colliers. Ces noyaux, d'environ 1 cm, ont une forme aplatie et présentent une arête sur un côté. Comme ceux du cerisier tardif et d'autres membres de l'espèce *Prunus* dont nous avons déjà parlé (p. 14), les graines contenues à l'intérieur du noyau de l'abricot sont très toxiques car elles renferment de l'amygdaloside, substance chimique pouvant libérer de l'acide cyanydrique.

Tisanes et médicaments

Les tisanes ont gagné en popularité ces dernières années. Ces boissons sont préparées avec de l'eau chaude dans laquelle on fait macérer des fleurs, des feuilles ou même l'écorce de nombreuses plantes. On ne doit cependant pas oublier que toutes les plantes ne sont pas sans risques pour faire des infusions. Les feuilles de tomate, par exemple, contiennent de la solanine qui peut causer de violentes douleurs abdominales ainsi que des troubles nerveux et respiratoires. La quantité de feuilles de tomates nécessaire pour faire une infusion normale serait très toxique.

Les médicaments homéopathiques ont aussi récemment gagné en popularité. Bien qu'il existe *de nombreuses* plantes médicinales, elles ne le sont cependant pas *toutes*. Par ailleurs, il est presque impossible de reconnaître les plantes une fois pulvérisées, ce qui fait que, en cas de problème ou en cas de doute quant à la composition, les centres anti-poison ne sont pas toujours en mesure d'intervenir. Et même lorsqu'on donne la liste des ingrédients, leur dosage n'est généralement pas indiqué sur le paquet, ce qui rend une fois encore difficile l'évaluation de la toxicité du produit par le centre anti-poison.

REMERCIEMENTS

Alerte aux plantes a d'abord paru, sous le titre original *Plant Alert*, dans une série de quatre articles de *Rotunda*, revue du Musée royal de l'Ontario.

Je remercie vivement les nombreuses personnes qui ont participé à ce projet. Le feu W. A. Kenyon a suggéré une nouvelle publication sous forme de brochure. Le personnel du Centre anti-poison du Hospital for Sick Children de Toronto, en particulier son directeur, le Dr M. McGuigan, et Mme M. Zavitz, ont été très généreux en ce qui concerne les ressources, les recherches sur la toxicité et la révision du manuscrit. Le Dr J. Jung, chef du Programme de lutte anti-poison, au Bureau des maladies chroniques de Santé et Bien-être social Canada, à Ottawa, a fourni les statistiques existantes sur l'ingestion des plantes. Le personnel de la serre de l'Université de Toronto a permis que l'on aille photographier et étudier les plantes qu'il cultive. T. A. Dickinson, J. E. Eckenwalder, L. Gad, S. M. Kuja, J. H. McAndrews et J. J. Warren ont revu le manuscrit anglais et L. Lavoie le manuscrit français. J. Ross en a assuré la dactylographie. L. Hawrysh, B. Ibronyi et H. Porter ont coordonné la publication. J'adresse mes remerciements à chacune de ces personnes.

Le Musée royal de l'Ontario est reconnaissant au Secrétariat d'État pour l'aide qu'il lui a accordée, dans le cadre du Programme pour la promotion des langues officielles.

OUVRAGES À CONSULTER

M. Angell, *A Fieldguide to Berries and Berrylike Fruits.* Bobbs-Merrill, Indianapolis, 1981.
Ce livre couvre une vaste gamme de plantes, y compris la plupart trouvées en Ontario. Il est facile à utiliser et les fruits sont présentés selon leur couleur.

Dorling Kindersley Limited, *Guide des plantes d'intérieur.* Montréal: Séléction du Reader's Digest (Canada), 1980.
Ce livre renferme la plupart des plantes tropicales populaires et les présente selon leur genre et en ordre alphabétique. Les noms communs des plantes y sont indiqués et, dans la plupart des cas, les plantes sont accompagnées de dessins en couleur. Le livre comprend un bon glossaire ainsi qu'un index.

Plantes sauvages comestibles, guide d'identification, G. Lamoureux et collaborateurs. Saint-Cuthbert, Le groupe Fleurbec, 1981.

Plantes sauvages des villes et des champs, guide d'identification, vol. 1. Saint-Augustin, le groupe Fleurbec inc., 1977.

Plantes sauvages des villes, des champs et en bordure des chemins, guide d'identification, vol. 2. Saint-Augustin, Groupe Fleurbec, 1983.

Plantes sauvages printanières, guide d'identification, G. Lamoureux et collaborateurs. Saint-Augustin, Éditeur officiel du Québec; Groupe Fleurbec, 1988.
Ces livres sont tirés d'une excellente série de guides d'identification des plantes du Québec, dont plusieurs se retrouvent en Ontario. Les plantes sont regroupées selon les couleurs des fleurs et leur nom commun en français et sont également identifiées selon leur nom latin et leur nom commun en anglais. On y retrouve amplement de détails sur les plantes ainsi que sur leur habitat et leur moment d'éclosion, des nomenclatures, des précisions sur l'usage qu'on en fait. En plus d'être agrémentés de nombreuses illustrations en couleur et de cartes de répartition géographique, ces livres contiennent de bons glossaires, des schémas des structures des plantes et des bibliographies détaillées.

D. G. Hessayon, *The Indoor Plant Spotter.* Waltham Cross, Herts., pbi Publications, Brittanica House, Angleterre, 1985.
Ce guide présente une clé générale des groupes courants des différents types de plantes au profane. Cet excellent document permet d'identifier les plantes sans connaître leurs noms.

R. C. Hosie, *The Native Trees of Canada.* Imprimeur de la Reine, Ottawa, 1969.
Il s'agit d'un excellent guide pratique, où les plantes sont présentées par famille. On y trouve des descriptions, des cartes, des illustrations des différentes parties des plantes, ainsi que des clés générales facilitant l'identification des plantes en hiver comme en été.

K. F. Lampe, *AMA Handbook of Poisonous and Injurious Plants.* American Medical Association, Chicago, 1985.
C'est le livre le plus accessible et le plus complet sur les plantes vénéneuses d'Amérique du Nord. Il est présenté par ordre alphabétique de genre, mais donne le nom courant. Il comprend des descriptions de plantes, des renseignements sur les parties toxiques, sur les toxines, sur les symptômes et sur la conduite à tenir en cas d'empoisonnement. On y trouve également une partie distincte en couleurs sur toutes les plantes qui provoquent un empoisonnement. Cet ouvrage sera d'une utilité particulière pour les spécialistes qui ont à répondre à des questions.

Frère Marie-Victorin, *Flore laurentienne.* Les Presses de l'Université de Montréal, septembre 1964.
Conçu comme un manuel, ce livre se présente comme un guide scientifique de la flore québecoise. Il introduit les différentes espèces de plantes selon leur famille et, dans la plupart des cas,

donne les noms communs en français et en anglais. Le livre comprend des dessins des diverses parties des plantes ainsi que des cartes de répartition géographique. Ce livre sera surtout utile à ceux qui s'intéressent particulièrement à la botanique.

S. McKay et P. Catling. *Trees, Shrubs and Flowers to Know in Ontario.* J. M. Dent & Sons, Toronto, 1979.
Ce livre s'avère excellent pour les débutants. Bien qu'il ne soit pas complet, il couvre plusieurs groupes de plantes, y compris les plantes indigènes les plus courantes de l'Ontario. On y trouve de bonnes descriptions et de bons dessins.

R. T. Peterson et M. McKenny, *A Field Guide to the Wildflowers.* Houghton Mifflin Co., Boston, 1968.
Voici le guide pratique élémentaire de l'amateur. Les fleurs sont présentées selon leur couleur et leur forme. Ce guide couvre tout le nord-est de l'Amérique du Nord.

C. L. Porter, *Flowering Plant Taxonomy.* W. H. Freeman, San Francisco, 1967.
Ce manuel, très accessible et bien illustré, présente les familles de plantes à fleurs, leur classification et la terminologie botanique.

J. H. Soper et M. L. Heimburger. *Shrubs of Ontario.* Musée royal de l'Ontario, Toronto, 1982.
Voici un manuel complet sur les arbustes de l'Ontario, organisé par famille de plantes. Il comprend des clés générales pour faciliter l'identification des plantes, des descriptions détaillées, des illustrations, des points de repère pratiques et des cartes.

A. Titchmarsh, *The Larousse Guide to House Plants.* Larousse & Co., New York, 1982.
Ce guide pratique présente les plantes par famille et possède d'excellentes illustrations en couleurs de la plupart des plantes courantes d'intérieur.

PLANT ALERT

DEBORAH A. METSGER

RŎM

ROYAL ONTARIO MUSEUM
TORONTO

© Royal Ontario Museum, 1990
100 Queen's Park, Toronto, Canada   M5S 2C6
ISBN 0-88854-348-4

Deborah A. Metsger is curatorial assistant,
Department of Botany, Royal Ontario Museum.

Cover photograph by E. Lynn Will

Canadian Cataloguing in Publication Data
Metsger, Deborah A. (Deborah Anne), 1956–
    Plant alert

Title on added t.p., inverted: Alerte aux plantes.
Text in English and French.
Based on articles originally published in Rotunda.
Includes bibliographical references.
ISBN 0-88854-348-4

1. Poisonous plants - Ontario - Identification.
2. Poisonous plants - Quebec (Province) -
Identification. I. Royal Ontario Museum.
II. Title. III. Title: Alerte aux plantes.

QK100.C3M48 1990   581.6′9′09713   C89-095490-9E

Typesetting by Cybergraphics Co., Inc.
Printed and bound in Canada at C. J. Graphics Inc.

The Royal Ontario Museum is an agency of the
Ontario Ministry of Culture and Communications.

3

INTRODUCTION

Statistics for 1986 indicate that poison information centres across Canada received 7462 calls about plants. Approximately ten per cent of the inquiries (771 calls) resulted in treatment or even hospitalization. Most of the patients treated for plant poisoning suffered only relatively minor discomfort; in fact, calls to poison information centres usually turn out to be about nonpoisonous plants. Nevertheless, the Poison Information Centre at the Hospital for Sick Children in Toronto receives more inquiries about plants than about anything else. Why? Because most people do not know how to identify plants or which ones are potentially harmful.

The staff of poison information centres are equipped to assess toxicity, make diagnoses, and suggest treatment for plant poisoning, once they have the name of the plant. However, *without an identification they cannot help*. The botany departments of the Royal Ontario Museum and the University of Toronto help the poison information centres by providing a telephone identification service. As many as thirty calls per month may be forwarded to the Royal Ontario Museum.

Since identifying plants over the telephone is not easy, this booklet tries to simplify the task by introducing some of the questions and terminology used by botanists in identifying plants. It also provides detailed descriptions of some of the plants, plant materials, and plant derivatives

that are often encountered or ingested and about which many inquiries are received. The booklet is intended only as an information and resource guide, not as an emergency manual.

The plants included in this booklet have been selected from the records of the Royal Ontario Museum and the Hospital for Sick Children. Both outdoor and indoor plants are discussed and, where applicable, they are listed according to season. Although the focus is on poisonous plants, several nonpoisonous ones are also described. It should be remembered that the list is by no means exhaustive, and that this booklet is devoted primarily to describing plants that may be encountered in Ontario and Quebec and in neighbouring regions of the United States.

Poison information calls about mushrooms are handled locally by the mycologists at the University of Toronto and will not be discussed here. Mushrooms are the fruiting structures of fungi, which flourish in the damp autumn season. Many mushrooms are deadly, even in small quantities. Because wild mushrooms are difficult to identify, it is best not to eat *any* unless they were picked by an expert mycologist.

Because there are so many misconceptions about plants and plant poisons, the most reliable sources of information are regional poison information centres. All potentially poisonous plants should be treated

4

with caution, and everyone should learn to recognize them. The best defence against plant poisoning is knowing which plants may be dangerous, what they look like, where they grow, and when they are in season.

Do You Know What This Plant Is?

A typical plant inquiry sounds something like this: "I just found my son playing with some berries from the neighbour's hedge. I don't know what kind of plant it is. I was told you would be able to identify it. Are the berries poisonous?"

To answer such an inquiry, one has to identify the plant. To do this one needs a description of its parts and their arrangement, as well as its habitat or place of origin. The date of the call is also important, because plants have specific flowering and fruiting times. The greatest number of poison information calls about plants are received in the summer and fall, the seasons when many plants are in fruit. Although some fruit is extremely distinctive, others kinds are difficult to identify if they are not collected together with a stem or branch and foliage. If the inquiry is about maracas, necklaces, or other curios made from plants, or about exotic foods or medicines, it is essential to know the country or place of origin.

Botanists ask a series of questions to obtain information about a plant. The following questions can be asked by anyone, not only professional botanists. The reader should refer to these questions and the illustrated plant identification guide, when studying the descriptions of the plants discussed in this booklet.

Where is the plant growing? Is it a plant found in the house, in the garden, or in the woods? If the plant is an outdoor one, do you think that it was planted (a cultivated plant), or is it growing wild (a weed or a wildflower)?

What kind of plant is it? Is it woody or nonwoody? If the plant is woody, does it have a main trunk (a tree), does it branch from the ground (a shrub), or does it trail (a vine)? If the plant is nonwoody, does it grow upright, does it have trailing stems, or does it have a rosette of basal leaves?

What do the leaves look like? Are the leaves *simple* (single) or *compound* (groups of leaflets comprising one leaf)? How are they arranged on the branch or stem? Are they *opposite* one another, do they *alternate* on either side, or do they grow in *whorls*? How long and wide are are the leaves? What shape are they overall? What shape are their tips and bases? Are they hairy, smooth, or bumpy? What colour are they? Do they have any special markings or patterns?

Is there any fruit on the plant? Where is it found? Does it grow from the ends of the branches or from the *leaf axil* (the angle where the leaf meets the branch or stem)? Does it grow in clusters, in pairs, or singly? If in clusters, what shape are the clusters? What colour, shape, and size is the fruit? How many seeds are visible when you squash it? How big are the seeds? What colour are they? Does the fruit have a particular odour?

Are there any flowers on the plant? Where are they found? Do they grow singly or in clusters? What

colour, shape, and size are the flowers?

From the answers to these questions, a description of the plant is compiled, and from this an identification can be made. For example, the plant mentioned at the beginning of this section was described as a shrub with opposite, oval leaves, and many-seeded red berries growing in pairs. After the dimensions and some other features were checked and a list of seasonal plants was consulted, the plant was identified as tartarian honeysuckle (see p. 15).

Usually the plant is common and can be readily identified. At other times, however, it is necessary for the botanist to consult textbooks, check specimens in a herbarium reference collection (which comprises dried pressed plants), or use a computer identification program. If the plant cannot be identified over the telephone, the caller is asked to take it to the nearest professional botanist, garden centre, or nursery in order to obtain a positive identification. Once the plant has been identified, the caller must contact the poison information centre again with the name, to learn if the plant is poisonous. The botanist's duty is to make identifications; the poison information centre's task is to assess toxicity, make diagnoses, and recommend treatment.

Why Are Plants Poisonous?

The threat of poisoning from plants is real, because a number of them contain chemical toxins, which serve to protect them from being eaten. Many closely related plants contain the same chemical toxins and hence produce the same or similar effects. Some toxins are specific to a particular classification of plants, as is evident from their names: for example, solanine from the Solanaceae (tomato family), taxine from the genus *Taxus* (yews). In discussing plants, the terms "family," "genus," and "species" are used to refer to progressively finer classifications of plants based on the similarity of their features and their relationships to one another.

When used properly, certain plant chemicals may be beneficial; for example, digitalis and atropine are used for the treatment of heart disease. Some of these chemicals, however, are dangerously toxic when ingested in their natural form or in excess quantities. In most cases the concentration of the toxin within the plant tissues is sufficiently low, so that one would have to eat a lot (as much as half a kilogram or more of leaves, or many fruit) to be seriously harmed. Yet there are a few plants that contain high concentrations of these chemicals in one or more of their parts, and therefore the amount of the plant needed to produce a toxic reaction is smaller. The severity and nature of the reaction to a plant toxin depends on the strength and nature of the chemical.

PLANT IDENTIFICATION GUIDE

WHERE?

house or garden or woods

WHAT KIND?

woody or nonwoody

tree
or
shrub
or
vine

upright   or   trailing   or   rosette

LEAVES

SIMPLE OR COMPOUND

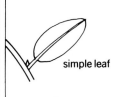

simple leaf

leaflet

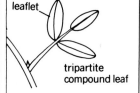

tripartite compound leaf

leaflet

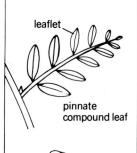

pinnate compound leaf

leaflet

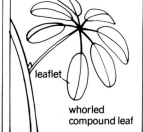

whorled compound leaf

PARTS

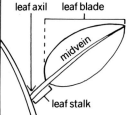

leaf axil   leaf blade

midvein

leaf stalk

ARRANGEMENT

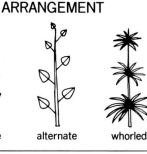

opposite   alternate   whorled

SHAPE
Overall

each shape ranges from narrow to broad

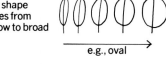

e.g., oval →

Size

length

width

linear   oblong   oval   ovate   obovate   triangular   heart-shaped

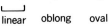

kidney-shaped   round

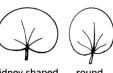

lobed   fingerlike lobed   umbrellalike lobed

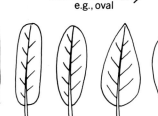

CELIA GODKIN

UNDERGROUND STRUCTURES

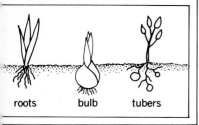

roots   bulb   tubers

POSITION

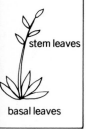

stem leaves

basal leaves

PLAIN OR PATTERNED

COLOUR?

Margins

smooth   toothed

wavy   double-toothed

Surface Texture

smooth   hairy   bumpy

Tips

nted rounded tapered abrupt point

rt-   rounded tapered flat   deeply
ped   cut

Bases

FRUIT AND FLOWERS

PLACEMENT

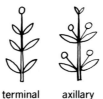

terminal   axillary

GROUPING

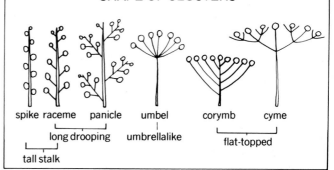

singly

in pairs

in clusters

SHAPE OF CLUSTERS

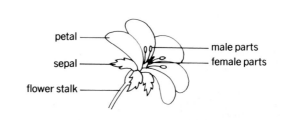

spike raceme panicle   umbel   corymb   cyme

long drooping   umbrellalike   flat-topped

tall stalk

PARTS OF THE FLOWER

petal

sepal

flower stalk

male parts

female parts

PARTS OF THE FRUIT

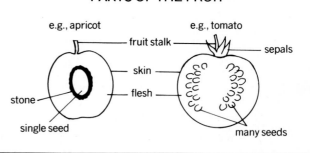

e.g., apricot   e.g., tomato

fruit stalk   sepals

skin

flesh

stone

single seed   many seeds

OUTDOOR PLANTS

Poisonous Cultivated Plants

Daffodil (*Narcissus pseudo-narcissus*) is a common spring garden flower and a member of the amaryllis family. Daffodils flower in April and May. The leaves and flower stalks, which range in height from 20 to 40 cm, sprout from an onionlike bulb. The leaves are basal (that is, all growing from the ground), narrow, and linear, with parallel veins and smooth margins. The flowers are yellow, orange, or white, and are distinguished by a trumpet-shaped corona in the centre, surrounded by six or more separate petals.

FLAVIA REDELMEIER

Daffodil (*Narcissus pseudo-narcissus*)

Daffodils contain toxic alkaloids in all parts of the plant, especially in the bulb. Other garden flowers that grow from bulbs, such as **amaryllis** (*Amaryllis* species) and **autumn crocus** (*Colchicum autumnale*), also contain toxic alkaloids. Symptoms of poisoning from these plants may include abdominal pain, vomiting, diarrhea, and/or shivering.

Lily-of-the-valley (*Convallaria majalis*) is an early-spring garden plant that often carpets shady areas. A member of the lily family, the plant grows to about 10 cm in height and has two basal leaves, oval in shape and tapering to tip and base, with smooth margins. The leaves can range from narrow to broad and have parallel veins. The central flowering stalk has many small fragrant bell-shaped white flowers, each hanging downwards on its own stalk. In July and August the plant produces red-orange berries that are about 1 cm in diameter. These are sometimes speckled.

Although all parts of lily-of-the-valley contain cardiac glycosides, which may cause an upset stomach and irregular heartbeat, serious poisoning is extremely rare.

Rhubarb (*Rheum rhabarbum* or *Rheum rhaponticum*) is a large-leaved plant that is a member of the buckwheat family. Its large clump of basal leaves appears in late spring and persists through the summer. Each leaf, which may be as long as 45 cm, is

broadly heart-shaped, with an entire, yet very wavy, margin. The leaf blade is attached to a long thick leaf stalk, which is often reddish in colour.

The leaf stalks of this garden plant are commonly cooked and eaten as a dessert. The leaf blades, however, contain soluble oxalates and other toxins, and so should not be eaten. Symptoms of poisoning include stomach upset and vomiting. Dehydration and kidney problems may also arise from poisoning.

Foxglove (*Digitalis purpurea*), a member of the figwort family, is a common garden plant that blooms in the summer and grows to a height of 1 to 1.5 m. Its tall stalks of downward-pointing bell-shaped flowers are easily recognizable. The flowers may be purple, rose, pink, yellow, or white; all have spots on the inside bottom surface of the bell. The basal leaves are large and oblong with toothed margins, and they have long leaf stalks. The leaves on the downy stem of the plant are smaller and narrower.

All parts of the plant are poisonous, for they contain toxins. One of these, digitalis, is a cardiac glycoside that is prescribed in controlled doses by physicians to treat heart disease. When ingested in excess quantities, however, digitalis can cause vomiting, severe headaches, irregular pulse and heartbeat, and even convulsions.

Castor bean (*Ricinus communis*) is a member of the spurge family that is often planted as an ornamental in Canada as well as in the tropics. It is becoming more and more popular here. Its large umbrellalike leaves are 40 cm wide and grow alternately on the stem. They have seven to eleven pointed lobes, with unevenly toothed margins. Each lobe has an obvious

FLAVIA REDELMEIER

Foxglove (*Digitalis purpurea*)

D. METSGER

Castor bean (*Ricinus communis*)

midvein, and all of these veins meet in the centre of the leaf. Clusters of fuzzy pink flowers grow from the leaf axils. The seeds, which are produced in late summer, are oval, about 1.5 cm long, and mottled light and dark brown in colour. Each one is enclosed in a spiny seed case on the plant.

Castor bean contains ricin in both the seeds and the foliage. Ricin is a highly toxic substance and may cause severe vomiting and diarrhea, destruction of the red blood cells, and damage to the kidneys. Although castor oil is extracted from the same seed for medicinal purposes and for use as an industrial lubricant, it is not poisonous, because ricin is not soluble in oil.

Poisonous Wild Plants

Poison ivy (*Rhus radicans*), a member of the cashew family, may grow as a shrub, in a patch, or as a vine sprawling on the ground or climbing over trees and shrubs. The size of the leaves varies from quite small to quite large, depending on growth habit. Poison ivy can be readily identified by its alternate compound leaves with three broadly ovate leaflets, each of which may be smooth or slightly lobed or notched on the edge. The terminal leaflet often has a longer stalk than the other two. The leaves vary in colour, tending to be green and shiny in early spring and often turning reddish in late summer and fall. The plant may produce waxy berries that are white to light yellow in colour. The berries grow in elongate clusters, often pressed closely to the stem.

MISS GRACE F. MALKIN (DEPARTMENT OF BOTANY HERBARIUM [TFT], ROM)

Poison ivy (*Rhus radicans*)

"Leaflets three, leave them be; berries white, shun the sight!" This well-known rhyme describes poison ivy and warns that this common skin irritant should be left alone. The sap or oil, found in all parts of the plant, contains urushiols. These toxins cause an allergic reaction in the form of a rash and itchy blisters in those that are sensitive to them. Although the reaction occurs immediately when the sap touches the skin, symptoms may take twenty-four to forty-eight hours or more to appear. Sensitivity to poison ivy increases with exposure to the plant. Poison ivy oil can be spread by animals, clothing, tools, and even ashes in the smoke from burning plants.

Water hemlock (*Cicuta* species) is commonly found in wet, marshy habitats throughout the summer.

Water hemlock (*Cicuta maculata*)

D. METSGER

It belongs to the parsley family, as do Queen Anne's lace, celery, carrots, wild parsnip, and caraway. Water hemlock is often mistaken for its non-poisonous relatives. It can grow to 1 m in height and has tiny white flowers that grow in flat-topped clusters shaped like umbrellas. The alternate compound leaves are finely divided into three to five pointed oblong leaflets, each with a sharply toothed margin.

Although it is not the hemlock that Socrates drank, water hemlock is a very toxic herb in all of its parts. The tuberous roots, which contain a smelly yellow sap, are especially toxic. Symptoms of poisoning include nausea, salivation, and vomiting. Poisonings can be fatal. Because water hemlock is very difficult to distinguish from its close relatives, all wild plants that look like Queen Anne's lace should be avoided.

Jimson weed (*Datura stramonium*), a member of the tomato family, is an annual, commonly found as a weed but sometimes grown in gardens. The plant reaches a height of at least 1 m, and the alternate leaves are 13 to 16 cm long. The leaves are ovate (that is, wider below the middle than above it) to triangular in outline, with flat bases. Their margins are toothed or lobed. From June to September the plant produces fragrant funnel-shaped white flowers and prickly green fruit with four seams. Encased in the fruit are many brown or black kidney-shaped seeds 2 to 3 mm in length.

All parts of jimson weed are toxic, for they contain atropine and other alkaloids. If ingested, these chemicals can cause dry mouth and skin, reddened face, and hallucinations. The

seeds are the most commonly eaten part of the plant, although nectar from the flowers may also cause poisoning. Quantities of fifty to one hundred seeds are considered dangerous if ingested.

Bittersweet, climbing, or **deadly nightshade** (*Solanum dulcamara*) is a common vine that is found in woods, fields, and fence rows and entwined on fences, shrubs, and trees in gardens or in vacant lots. The alternate leaves vary in shape from oval to spade-shaped and range in length from 2.5 to 8 cm. Each leaf may have two small lobes at the base, extending to the sides like wings. The plant produces small star-shaped purple flowers with five petals surrounding a protruding yellow centre. Its berries first appear in June and July, continue into October, and may persist throughout the winter, long after flowering has ceased. The berries, which are 8 to 11 mm in diameter, are borne in drooping clusters, and range in colour from green to brilliant red, depending on maturity. They have many tiny white seeds, and when they are squeezed they smell like tomatoes or rotten meat.

A close relative, **black nightshade** (*Solanum nigrum*), is also found in similar habitats. It is approximately the same size as *Solanum dulcamara* but differs in that it produces blue-black fruit and star-shaped white flowers and usually lacks lobes on the leaves.

Both plants belong to the tomato family and, like other members of this family, contain the glyco-alkaloid solanine. Although solanine can cause extreme stomach upset and nervous and respiratory disorders, one would have to ingest up to 1 kg of leaves or many berries of either of these two species for such symptoms to appear. In the usual quantities consumed (one or two ripe berries), the reaction is generally nausea, vomiting, and diarrhea. The green berries of both species of *Solanum* are more toxic than the ripe ones. The amount of plant material required to cause a toxic reaction depends on the size and weight of the person. It would take fewer berries to poison a two-year-old weighing 12 kg than a twelve-year-old weighing 40 kg.

More poison information calls are received in the summer and fall about *Solanum dulcamara* than about any

D. METSGER

Bittersweet, climbing, or deadly nightshade (*Solanum dulcamara*)

other plant. The unfortunate common name, deadly nightshade, confuses this plant with the true deadly night-shade, *Atropa belladonna* , which is not found in North America, except under cultivation for the production of the drugs atropine and belladonna. In contrast to *Solanum dulcamara, Atropa belladonna* is an upright plant rather than a vine, and it produces large black single fruit with black seeds. *Atropa belladonna* is far more poisonous than the nightshades that grow wild locally.

Black cherry (*Prunus serotina*) is a wild cherry tree. This member of the rose family grows to a height of 25 m. Its shiny oval leaves narrow abruptly to pointed tips and are 6 to 12 cm long. They are dark green on top and light green on the underside. The middle vein on each leaf is lined on the under-side with fine, rusty-coloured or brown hairs that extend from the base to the middle of the leaf. The leaves are arranged alternately along the branch and have small slightly rounded teeth along their edges. The purple-black fruit, which is 1 cm in diameter, is borne in long drooping clusters and begins to appear in mid-July.

All members of the genus *Prunus* — cherries, peaches, plums, apricots, and almonds — contain varying quantities of amygdalin, a cyanide-producing chemical, in some or all of their parts. Although the fleshy fruit of all these species is edible, the seeds, leaves, and bark contain the toxin. Each seed is enclosed in a stone, or sin-gle hard pit, which characterizes this genus. Black cherry is reported to be the most toxic species of *Prunus* . Symptoms of poisoning include upset stomach and vomiting. In more severe cases, breathing difficulties, convul-sions, and even coma may occur.

Jack-in-the-pulpit (*Arisaema tri-phyllum*) is a small plant, usually 20 to 40 cm high, that appears in damp forests beginning in May and persists through the growing season. It has an unusual flower cluster, consisting of a striped leaflike bract (the pulpit) that surrounds and hides a club-shaped spike of tiny flowers (Jack). The flower cluster is accompanied by two large leaves, each with three broadly ovate leaflets attached directly to the leaf stalk. The leaves are often much larger than the flower cluster and grow on long leaf stalks that sheath the base of the plant. In late summer and autumn the bract dies back, revealing a large oval clump of bright green and red berries. Each berry is shaped like a corn kernal.

Black cherry (*Prunus serotina*)

Jack-in-the-pulpit (*Arisaema triphyllum*)

Jack-in-the-pulpit belongs to the arum family, many members of which contain oxalic acid in crystalline form. The spiny oxalate crystals are found in the cells of the leaves and stem. When the plant tissues are broken, the crystals are released from the cells. If the plant is eaten, the crystals can prick the lips and lining of the mouth and throat, causing inflammation and irritation. The resulting symptoms are a burning sensation and swelling of the affected areas.

Yew (*Taxus* species) is an evergreen shrub that belongs to the yew family. There are species of yew that grow wild in forests, and cultivated varieties are often planted in hedges and gardens. Yew has flat needles that grow in one plane. Beginning in late summer and continuing through the winter, the yew bears red, fleshy, fruitlike structures (arils), each containing a green, brown, or black seed. An aril looks somewhat like a small red olive studded with a seed instead of a pimento. The aril is about 1 cm in diameter and the seed is about 5 mm in diameter.

Although the aril is not poisonous, the seeds, leaves, and bark are toxic when chewed. Yews contain taxine alkaloids; symptoms of poisoning are diarrhea, trembling, dilated pupils, and difficult breathing.

Yew (*Taxus baccata*)

Nonpoisonous Plants

Many, perhaps most, calls about plants that have been eaten turn out to be about nonpoisonous plants. People often inquire about the fruit or berries of the following trees and shrubs, which are, in fact, nontoxic. The fruit of all of these plants is edible when ripe.

Mulberry (*Morus alba* or *rubra*) is a tree that is often found along streets and in gardens. This member of the mulberry family grows to a height of 20 m. The leaves, which are 3 to 11 cm long, may be irregularly lobed. They have bluntly toothed edges and are arranged alternately on the branches. Abundant in early summer, the fruit grows from the leaf axils. Mulberry is frequently called the raspberry tree because its fruit resembles large oval raspberries.

Mulberry (*Morus alba*)

Tartarian honeysuckle (*Lonicera tatarica*) is a shrub often found in hedges, fields, and gardens. It belongs to the honeysuckle family and grows to a maximum height of 3 m. Its oval leaves have short leaf stalks and are arranged opposite one another on the branches. The leaves are 2 to 6 cm long, rounded at the base, and rounded or gently pointed at the tip. The edges of the leaves are smooth. The red, orange, or yellow translucent berries are less than 1 cm in diameter. They are full of tiny white seeds and are borne in pairs, often joined together at the base. The berries grow from the leaf axils in late June.

Tartarian honeysuckle (*Lonicera tatarica*)

Highbush cranberry (*Viburnum trilobum*), another member of the honeysuckle family, is a shrub that grows to a height of 4 m and is abundant in garden hedges and in the wild. The opposite leaves are 5 to 11 cm long

and, having three pointed lobes, resemble maple leaves. The one-seeded red berries grow in flat-topped clusters. They appear in early autumn and often persist in a withered state throughout the winter.

Mountain ash (*Sorbus americana, aucuparia,* or *decora*) is a shrub or small tree, belonging to the rose family, that can grow to a height of 10 m. It is most frequently found in gardens as an ornamental plant, or in woodlands. It has alternate compound leaves with thirteen to seventeen pointed oblong leaflets, each with sharply toothed edges. The bright orange berries are 5 to 10 mm in diameter and grow in flat-topped clusters.

Juniper or **red cedar** (*Juniperus sabina, virginiana,* or *communis*) grows either as a tree or a shrub. A member of the cypress family, it is an evergreen, with scaly needles that can be either smooth or prickly. The berries it produces, which can be found year-round, are bluish-green, waxy, and hard, and are about 1 cm in diameter. They are not poisonous and are, in fact, used as a flavouring agent.

D. METSGER

Mountain ash (*Sorbus americana*)

HOUSEPLANTS

Poisonous Plants

Throughout the year, more poison information calls are received about houseplants than about any other group of plants. Most often these plants have been received as gifts, and the recipients do not know the names of their new acquisitions. The best precaution against poisoning is to know the names of one's plants and whether or not they are poisonous. Poisonous houseplants can still be enjoyed, but they must be put well out of reach of children and pets.

A number of tropical houseplants belong to the arum family, many members of which are poisonous. As discussed in the description of jack-in-the-pulpit (p. 14), plants of this family contain oxalate crystals in their cells. These crystals cause inflammation and irritation of the skin. Symptoms include burning sensations and swelling of affected areas. The most commonly encountered members of this family — dumbcane, philodendron, and emerald green — are the first group of poisonous houseplants described.

Dumbcane (*Dieffenbachia picta*) is frequently the subject of poison plant inquiries. It is an upright plant that ranges from 25 cm to over 3 m in height, with alternate leaves as long as 30 cm. The leaves are ovate, being widest at or below the middle and narrowing towards the tip and base. The leaves have distinctive markings: a border of green gradually giving way to a white or yellow centre. The colour pattern is splotchy and differs according to variety. The leaves of one common variety are green with white chevronlike stripes. The stalk of each leaf ranges from 10 to 15 cm in length and broadens at its base to a wing that wraps around the stem or trunk of the plant. When leaves are removed from the stem, grooved scars remain that give the stem the appearance of bamboo or sugar cane. Some calls indicate that it is easy to confuse a piece of dumbcane stem with sugar cane. If it

D. METSGER

Dumbcane (*Dieffenbachia picta*)

is eaten by mistake, the consequences can be unpleasant.

Philodendrons (*Philodendron* species) are very common houseplants. *Philodendron scandens* is a vine often sold as a hanging plant. Its heart-shaped leaves, usually about 5 cm long, taper to abrupt points. They are attached alternately on the stems by leaf stalks about 1 cm long. The leaves are thin and shiny, ranging in colour from dark green to a green variegated with white or yellow. *Philodendron scandens* is nearly identical in appearance to **golden pothos** (*Epipremnum aureum*), which is also poisonous.

A larger relative, *Philodendron bipinnatifidum,* is popularly known as the **panda plant.** It grows upright from a thick base to a height of about 1.5 m. The large dark-green alternate leaves have deep fingerlike lobes.

Panda plant (*Philodendron bipinnatifidum*)

D. METSGER

Each leaf is deeply cut at the base, where it is joined to a leaf stalk that can reach 60 cm in length.

Emerald green, imperial white, or **arrowhead** (*Syngonium podophyllum*) has triangular or oblong leaves, shaped like arrowheads. There are often extra lobes at the base of each leaf. Growing as long as 30 cm, the leaves are attached to stalks up to 60 cm long, which converge at the base of the plant. The leaves can be either green or green and white. A vein often runs parallel to the outer margin, outlining the leaf shape.

Jerusalem cherry (*Solanum capsicastrum*) is a fruit-bearing plant that belongs to the tomato family. An upright plant, it grows to a height of about 50 cm. The oval alternate leaves are dull green. They are 5 cm long, with a short leaf stalk, and are very similar in appearance to tomato leaves. The orange-red fruit grows singly or in clusters at the ends of the branches. The fruit is slightly more than 1 cm in diameter and looks like a small cherry tomato.

Although not extremely toxic, Jerusalem cherry does contain small quantities of solanine and other toxins in its leaves and fruit. When ingested in large quantities, these chemicals may cause stomach pains, vomiting, diarrhea, and nervous and respiratory disorders.

Christmas pepper (*Capsicum annuum*) is also a member of the tomato family. The foliage of the Christmas pepper is similar to that of the Jerusalem cherry, but usually both the leaves and the plant as a whole are smaller. The fruit is oval or pepper-shaped and has many seeds.

19

Christmas pepper (*Capsicum annuum*)

The Christmas pepper contains the volatile oil capsaicin. Although this is what gives jalapeño peppers their "punch," it causes irritation to the skin. Since the fruit is usually extremely pungent, it can cause choking if swallowed.

Croton (*Codiaeum variegatum*) belongs to the spurge family. This common houseplant can grow to a height of 3 m and has colourful red, green, yellow, and black leaves, arranged alternately on the stems. The leaves are ovate or oblong, and their size varies with the size of the plant. They are quite leathery and may have slightly irregular margins. The edges of a leaf often curl upwards towards the middle rather than lying flat. In North America the plant is used as a showy ornamental; in the tropics it can be found as a garden shrub.

Croton (*Codiaeum variegatum*)

Croton has a colourless sap that contains toxic compounds. They are allergens and can irritate the eyes and skin.

Holly (*Ilex* species) is a shrub that can grow to a height of 7 m in temperate regions, but it is best known for its decorative branches, which are clipped for Christmas foliage. A member of the holly family, it has narrow oval evergreen leaves, approximately 3 cm long, that grow alternately on the branches. Most leaves have shallow, spine-tipped lobes, although some are simply oval, with smooth margins. The berries, which are red, single-seeded, and about 6 mm in diameter, are borne singly or in small clusters along the branches.

The berries contain ilex acid and are mildly toxic. Small children who eat them may suffer diarrhea and vomiting.

Mistletoe (*Phoradendron serotinum*) is most frequently encountered hanging upside down in doorways at Christmas to invite kissing! It is a member of the mistletoe family. The pale green leathery leaves are obovate (that is, wider above the middle than below it), with rounded tips. They are up to 5 cm long and grow opposite each other on the stem. Mistletoe is characterized by a stalk of fleshy-white berries, each with a single seed. The berries are about 6 mm in diameter.

The leaves, stems, and berries of mistletoe contain toxins. Human poisoning from this plant is rare, and it would take more than three berries to cause any harm. Symptoms of poisoning include gastrointestinal upset, dilated pupils, mental confusion, and hallucinations.

Nonpoisonous Plants

The following plants are frequently ingested nonpoisonous houseplants. Even though these plants are safe, it is best to teach children not to eat any part of any houseplant.

Poinsettia (*Euphorbia pulcherrima*) is a member of the spurge family that is used as a Christmas decoration in many homes. It is easily recognizable by the showy red, pink, or white bracts (modified leaves, often mistaken for petals) that surround its small yellow flowers. The flower cluster and the bracts together are approximately 15 cm across and grow at the end of a woody branch. The broadly ovate leaves are 3 to 10 cm long and are lobed. The leaves grow on leaf stalks and are positioned alternately along the branches.

Poinsettia is often claimed to be poisonous if ingested, but there is no evidence that it is. Many other members of the spurge family, however, contain toxins in the latex sap, which can cause skin irritation and serve as a purgative.

African violet (*Saintpaulia* species) is a member of the african violet family. It can be recognized by its cluster of hairy, heart– or kidney-shaped basal leaves. Each leaf grows up to 4 cm long and is positioned on a leaf stalk up to 10 cm long. The successful indoor gardener may have a specimen with showy flowers in a range of colours.

Umbrella plant (*Schefflera arboricola*) is a nonflowering houseplant that belongs to the ginseng family. It has distinctive alternate compound leaves with five to eight pointed oval

Umbrella plant (*Shefflera abroicola*)

Spider plant (*Chlorophytum comosum*)

leaflets, each with its own stalk, arranged in a circle on a long leaf stalk. When young, this plant is about 25 cm high, but it can grow several metres tall. Older specimens may be either very bushy or tall, with a trunk like a tree and long gangly leaves. Each leaflet can be as much as 15 cm long.

Spider plant (*Chlorophytum comosum*), a member of the lily family, has long, narrow, linear, green-and-white striped leaves up to 30 cm long that sprout from the base with no apparent stems. Small white flowers grow from the end of long tan shoots and later turn into miniature plants that can be transplanted. Spider plant is commonly grown in hanging baskets.

Asparagus fern (*Asparagus densiflorus*) is another hanging plant,

which also belongs to the lily family. Bushy green stems spread from its base. Each stem looks rather like a bottle brush, for the tiny green leaves (1 cm long by 1 mm wide) grow in all directions.

Swedish ivy (*Plectranthus australis*) is a vine that is a member of the mint family. It is easily recognizable by its opposite, round or broadly ovate leaves. They are 1 to 3 cm long and grow on leaf stalks 1 to 2 cm long. The leaves are often very bumpy and have distinctly scalloped edges. They are light green on top and paler underneath. The stems, which are usually square in cross-section, are light green and somewhat translucent. Both leaves and stems may or may not be hairy.

PLANTS IN OTHER GUISES

Jewellery, Instruments, and Ornaments

For centuries people have adorned themselves with jewellery made of beads fashioned from colourful seeds and fruits. *Unfortunately, some of the most colourful seeds are highly toxic and could kill anyone who eats or even chews them.* Many of the more toxic seeds are grown in the tropics, and it is illegal to import them into Canada. Jewellery, instruments, and ornaments made from the plant materials described here can be very dangerous.

Precatory, rosary, prayer, Indian, or **lone bean** or **pea,** or **crab's eye** (*Abrus precatorius*) are all names for a small, shiny, scarlet and black oval seed that is about 7 to 8 mm long. The seeds grow in pods on a viney plant belonging to the pea family, which is commonly found in the tropics and in Florida. Other members of that family, **jumbie beans** (*Ormosia* species) and **coral beans** (*Erythrina* species), look like large precatory beans and are also poisonous.

Precatory bean seeds contain abrin, which is one of the most potent toxins known. Abrin is concealed within a very hard seed coat, and therefore the seed must be chewed in order to release the poison. Seeds swallowed whole are not toxic. The poison causes marked burning of the mouth, vomiting, diarrhea, and shock. The toxin is so potent that the quantity found in

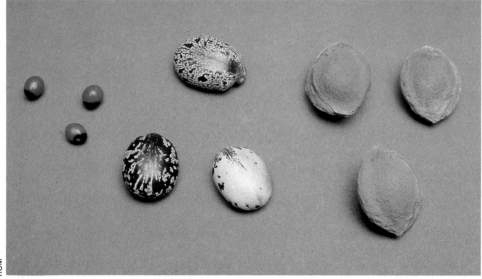

ROM

Left to right: Seeds of precatory bean (*Abrus precatorius*), castor bean (*Ricinus communis*), and apricot (*Prunus armeniaca*)

one seed may prove fatal to an adult.

Precatory beans are made into necklaces and other jewellery. They are also used to fill maracas, or rattles, musical instruments that often consist of a gourd filled with seeds. The gourd tends to break easily, exposing the brightly coloured seeds. There has been a rise in the incidence of ingestion of seeds found in maracas, because travel has increased to places like the Dominican Republic, Mexico, and Central America. If maracas are purchased or given to children, the original seeds should be removed and destroyed and replaced with edible beans.

Castor bean (*Ricinus communis*), a member of the spurge family, was described earlier in the section on outdoor cultivated plants (p. 9). As mentioned there, the seeds of castor bean contain the highly toxic substance ricin. The seeds are oval, about 1.5 cm long, and mottled light and dark brown. The toxin is contained within the very hard seed coat.

Like precatory beans, castor bean seeds are used for making necklaces, despite the risk of fatality to those who chew them.

Apricot (*Prunus armeniaca*) is a member of the rose family. Its stones, or pits, are often dyed and strung into necklaces. The stones are approximately 1 cm long and appear flattened, with a ridge along one side. Like those of black cherry and other members of the genus *Prunus* described earlier (p. 13), the seeds enclosed within apricot stones contain the cyanide-producing chemical amygdalin and are quite toxic.

Herbal teas have become increasingly popular in recent years. Hot beverages are brewed from the flowers, leaves, and bark of many kinds of plants. It must be remembered, however, that not all plants are safe to use for making tea. For example, tomato leaves contain solanine, which can cause extreme stomach upset and nervous and respiratory disorders. The fairly substantial quantity of tomato leaves needed to brew a normal serving of tea would be very toxic.

Homeopathic medicines have also recently increased in popularity. Although *many* plants are medicinal, not *all* plants are. Moreover, it is almost impossible to identify ground-up plants, so if problems arise from using a natural medicine, and if one does not know what the ingredients are, the poison information centres may be unable to help. Even when ingredients are listed, the packaging usually does not include their concentrations, so that the poison information centres will have difficulty assessing the toxicity of the product.

ACKNOWLEDGEMENTS

Plant Alert first appeared as a series of four articles in *Rotunda,* the magazine of the Royal Ontario Museum.

I am grateful to many people for their assistance with this project. The late W. A. Kenyon provided the inspiration to republish in booklet form. The staff of the Poison Information Centre at the Hospital for Sick Children, especially Dr. M. McGuigan, director, and Ms. M. Zavitz, were very generous in providing resources, researching toxicity, and reviewing the manuscript. Dr. J. Jung, head, Poison Control Program, Bureau of Chronic Disease and Epidemiology, Health and Welfare Canada, Ottawa, supplied available statistics on plant ingestion. Staff of the University of Toronto Greenhouse made plants available for photography and study. T. A. Dickinson, J. E. Eckenwalder, L. Gad, S. M. Kuja, J. H. McAndrews, and J. J. Warren reviewed the English manuscript and L. Lavoie the French manuscript. J. Ross assisted with typing. L. Hawrysh, B. Ibronyi, and H. Porter coordinated the publication process. My thanks to everyone.

The Royal Ontario Museum gratefully acknowledges the assistance provided by the Department of the Secretary of State, Promotion of the Official Languages Programme.

SUGGESTED READING

Angell, M. *A Fieldguide to Berries and Berrylike Fruits.* Indianapolis: Bobbs-Merrill, 1981.
Covers a broad range of plants, including most encountered in Ontario. Easy to use, with fruits organized by colour.

Hessayon, D. G. *The Indoor Plant Spotter.* Waltham Cross, Herts., England: pbi Publications, Brittanica House, 1985.
An identification guide with a layman's key to common groups of plant types. A great help identifying plants without their names.

Hosie, R. C. *The Native Trees of Canada.* Ottawa: Queen's Printer, 1969.
An excellent field guide, organized by family, with descriptions, maps, illustrations of plant parts, and easy-to-use identification keys for both winter and summer material.

Lampe, K. F. *AMA Handbook of Poisonous and Injurious Plants.* Chicago: American Medical Association, 1985.
The most accessible and comprehensive book available on poisonous plants in North America. Organized alphabetically by plant genus, but does give common names. Includes descriptions of plants; information on toxic parts, toxins, symptoms, and poisoning management; and separate colour section of all plants that cause internal poisoning. Especially useful for professionals responding to inquiries.

Frère Marie-Victorin. *Flore laurentienne.* Ernest Rouleau, ed. 2nd edition. Montreal: Les Presses de l'université de Montréal, 1964.
Excellent scientific manual to the flora of Quebec, designed as a textbook. Organizes species under their plant family, but gives French and English common names for most plants. Illustrated with line drawings of plant parts and some distribution maps. Useful for those who want to learn more about botany.

McKay, S., and P. Catling. *Trees, Shrubs and Flowers to Know in Ontario.* Toronto: J. M. Dent and Sons, 1979.
Excellent for beginners. Although not comprehensive, covers several groups of plants in one book, including most common native Ontario plants. Good descriptions and line drawings.

Peterson, R. T., and M. McKenny. *A Field Guide to the Wildflowers.* Boston: Houghton Mifflin Co., 1968.
A basic field guide suitable for the amateur. Organized by colour and flower shape. Covers all of northeastern North America.

Plantes sauvages comestibles. Gisèle Lamoureux, ed. Guide d'identification Fleurbec. Saint-Cuthbert, P.Q.: Le groupe Fleurbec, 1981.

Plantes sauvages des villes et des champs, 1. Guide d'identification Fleurbec. Saint-Augustin, P.Q.: Le groupe Fleurbec, 1977.

Plantes sauvages des villes et des champs et en bordure des chemins, 2. Guide d'identification Fleurbec. Saint-Augustin, P.Q.: Groupe Fleurbec, 1983.

Plantes sauvages printanières. Gisèle Lamoureux and others. Guide d'identification Fleurbec. Saint-Augustin, P.Q.: L'Éditeur officiel du Québec, Groupe Fleurbec, 1988.
Books from an excellent series of identification guides covering the plants of Quebec, many of which are found in Ontario. Organized by flower colour and common name in French, but gives Latin names and English common names. Includes descriptions of plants and their habitats, flowering times, nomenclature, and uses, all of which are coded by symbols. Fully illustrated in colour with distribution maps, helpful glossaries and diagrams of plant structures, and comprehensive bibliographies.

26 Porter, C. L. *Flowering Plant Taxonomy.* San Francisco: W. H. Freeman, 1967. A very approachable, well-illustrated textbook that introduces flowering plant families, their classification, and botanical terminology.

Reader's Digest. *Success with Houseplants.* Pleasantville, N.Y./Montreal: The Reader's Digest Association, Inc., 1979. Covers most popular tropical houseplants and presents them by genus in alphabetical order. Gives common names and illustrates most plants with drawings in colour. Contains a good glossary as well as an index.

Soper, J. H., and M. L. Heimburger. *Shrubs of Ontario.* Toronto: Royal Ontario Museum, 1982. A comprehensive manual to Ontario shrubs, arranged by plant family. Includes identification keys, detailed descriptions, illustrations, field checks, and maps.

Titchmarsh, A. *The Larousse Guide to House Plants.* New York: Larousse and Co., 1982. Organized by plant family like a field guide, with excellent colour illustrations of most common houseplants.